# Kur jam në humor të keq

# When I Am Gloomy

Sam Sagolski
Ilustruar nga Daria Smyslova

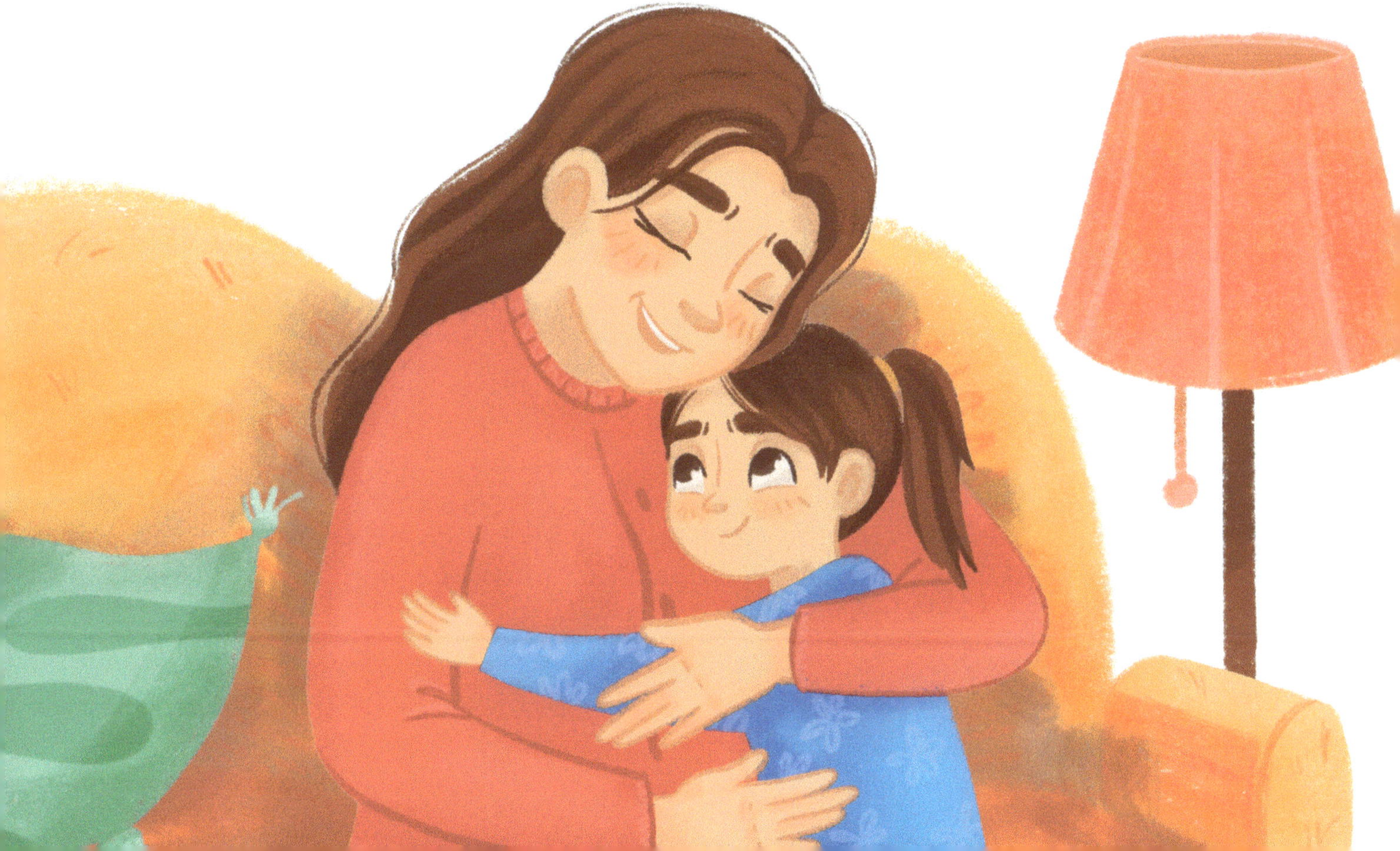

www.kidkiddos.com
Copyright ©2025 by KidKiddos Books Ltd.
support@kidkiddos.com

All rights reserved. No part of this book may be reproduced in any form or by any electronic or mechanical means, including information storage and retrieval systems, without written permission from the publisher, except in the case of a reviewer, who may quote brief passages embodied in critical articles or in a review.
First edition, 2025

Translated from English by Vaelza Golemi
Përkthyer nga anglishtja nga Vaelza Golemi

**Library and Archives Canada Cataloguing in Publication**
When I Am Gloomy (Albanian English Bilingual edition)/Shelley Admont
ISBN: 978-1-0497-0653-5 paperback
ISBN: 978-1-0497-0654-2 hardcover
ISBN: 978-1-0497-0655-9 eBook

Please note that the Albanian and English versions of the story have been written to be as close as possible. However, in some cases they differ in order to accommodate nuances and fluidity of each language.

*Një mëngjes me re, u zgjova në humor të keq.*

One cloudy morning, I woke up feeling gloomy.

*U ngrita nga shtrati, u mbështolla me batanijen time të preferuar dhe hyra në dhomën e ndenjjes.*

I got out of bed, wrapped myself in my favorite blanket, and walked into the living room.

*"Mami!", thirra. "Jam në humor të keq."*
"Mommy!" I called. "I'm in a bad mood."

*Mami ngriti kokën nga libri i saj. "Në humor të keq? Pse e thua këtë, zemër?", pyeti ajo.*
Mom looked up from her book. "Bad? Why do you say that, darling?" she asked.

*"Ma shiko pak fytyrën!", i thashë, duke i treguar vetullat e mia të ngrysura. Mami buzëqeshi lehtë.*
"Look at my face!" I said, pointing to my furrowed brows. Mom smiled gently.

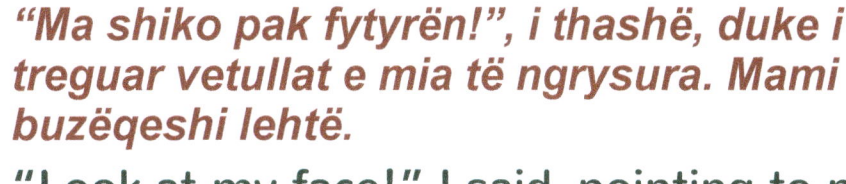

*"Nuk e kam të gëzuar fytyrën sot!", mërmërita. "A më do edhe kur jam ngrysur?"*
"I don't have a happy face today," I mumbled. "Do you still love me when I'm gloomy?"

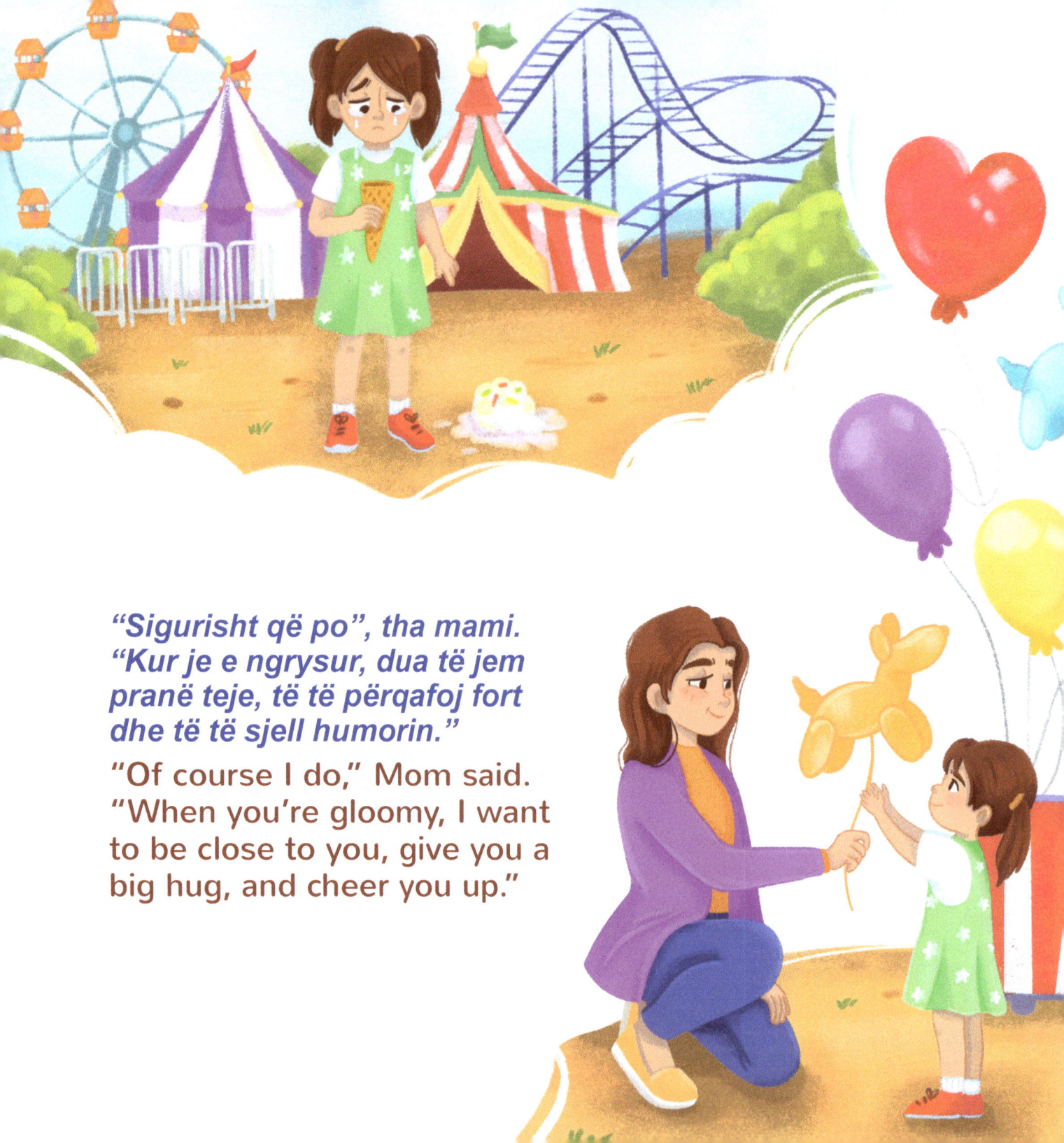

*"Sigurisht që po", tha mami. "Kur je e ngrysur, dua të jem pranë teje, të të përqafoj fort dhe të të sjell humorin."*

"Of course I do," Mom said. "When you're gloomy, I want to be close to you, give you a big hug, and cheer you up."

*Kjo më bëri të ndihem pak më mirë, por vetëm për një çast, sepse menjëherë më pas, më erdhën ndërmend të gjitha gjendjet e mia shpirtërore.*

That made me feel a little better, but only for a second, because then I started thinking about all my other moods.

*"Domethënë... ti më do edhe kur jam e zemëruar?"*
"So... do you still love me when I'm angry?"

*Mami buzëqeshi përsëri. "Sigurisht që po!"*
Mom smiled again. "Of course I do!"

*"Je e sigurt?",*
*e pyeta, duke*
*kryqëzuar krahët.*
"Are you sure?"
I asked, crossing
my arms.

*"Edhe kur je e zemëruar, unë jam nëna jote.
Dhe të dua po njësoj."*

"Even when you're mad, I'm still your mom.
And I love you just the same."

***Unë mora frymë thellë. "Po kur jam e ndrojtur?", pëshpërita.***
I took a big breath. "What about when I'm shy?" I whispered.

***"Edhe kur je e ndrojtur, të dua", tha ajo. "Të kujtohet si fshiheshe pas meje, sepse nuk doje të flisje me atë komshiun e sapoardhur?"***

"I love you when you're shy too," she said. "Remember when you hid behind me and didn't want to talk to the new neighbor?"

***Pohova me kokë. E mbaja mend mirë.***
I nodded. I remembered it well.

*"Pastaj e përshëndete dhe u bëre me një shok të ri. U ndjeva shumë krenare për ty."*

"And then you said hello and made a new friend. I was so proud of you."

*"Vazhdon të më duash edhe kur të bëj shumë pyetje?",* vazhdova unë.

"Do you still love me when I ask too many questions?" I continued.

*"Kur më bën shumë pyetje, si tani, shoh që mëson gjëra të reja që të bëjnë më të zgjuar dhe më të fortë çdo ditë",* u përgjigj mami. *"Dhe po, vazhdoj të dua."*

"When you ask a lot of questions, like now, I get to watch you learn new things that make you smarter and stronger every day," Mom answered. "And yes, I still love you."

*"Po sikur të mos kem fare dëshirë të flas?"*, *vijova me pyetjet.*
"What if I don't feel like talking at all?" I continued asking.

*"Eja këtu", tha ajo. Iu ula në prehër dhe e mbështeta kokën në shpatullën e saj.*
"Come here," she said. I climbed into her lap and rested my head on her shoulder.

*"Kur nuk ke dëshirë të flasësh dhe do vetëm të heshtësh, ti nis të përdorësh imagjinatën. Më pëlqen të shoh çfarë krijon përmes saj", u përgjigj mami.*

"When you don't feel like talking and just want to be quiet, you start using your imagination. I love seeing what you create," Mom answered.

*Pastaj më pëshpëriti pranë veshit: "Unë të dua edhe kur nuk flet."*

Then she whispered in my ear, "I love you when you're quiet too."

*"Vazhdon të më duash edhe kur jam e frikësuar?", e pyeta.*
"But do you still love me when I'm afraid?" I asked.

*"Gjithmonë", tha mami. "Kur je e frikësuar, të ndihmoj të shohësh që s'ka përbindësha nën shtrat apo në dollap."*
"Always," said Mom. "When you're scared, I help you check that there are no monsters under the bed or in the closet."

*Ajo më puthi në ballë. "Je shumë e guximshme, ëmbëlakja ime!"*

She kissed me on the forehead. "You are so brave, my sweetheart."

*"Dhe kur je e lodhur", shtoi ajo butësisht, "të mbuloj me batanijen tënde, të sjell arushin prej pelushi dhe të këndoj këngën tonë."*

"And when you're tired," she added softly, "I cover you with your blanket, bring you your teddy bear, and sing you our special song."

*"Po sikur të ndihem shumë energjike?", e pyeta duke brofur përpjetë.*

"What if I have too much energy?" I asked, jumping to my feet.

*Ajo qeshi. "Kur je plot energji, ne dalim me biçikletë, kërcejmë me litar ose vrapojmë jashtë së bashku. Më pëlqen t'i bëj të gjitha këto me ty!"*

She laughed. "When you're full of energy, we go biking, skip rope, or run around outside together. I love doing all those things with you!"

*"Por a më do kur nuk dua të ha brokoli?", fola, duke nxjerrë paksa gjuhën.*

"But do you love me when I don't want to eat broccoli?" I stuck out my tongue.

*Mami qeshi lehtë. "Si atëherë kur ia dhe brokolin Maksit? Atij i pëlqeu shumë."*

Mom chuckled. "Like that time you slipped your broccoli to Max? He liked it a lot."

*"E pe ti?", pyeta.*
"You saw that?" I asked.

*"Sigurisht që po. Dhe të dua gjithmonë, edhe atëherë të doja."*
"Of course I did. And I still love you, even then."

*Për një moment, rashë në mendime. Pastaj bëra një pyetje të fundit:*

I thought for a moment, then asked one last question:

*"Mami, nëse më do kur jam e trishtuar ose e zemëruar… a më do edhe kur jam e lumtur?"*

"Mommy, if you love me when I'm gloomy or mad… do you still love me when I'm happy?"

*"Oh, zemër", tha ajo, duke më përqafuar përsëri, "kur je e lumtur ti, jam e lumtur edhe unë."*

"Oh, sweetheart," she said, hugging me again, "when you're happy, I'm happy too."

*Ajo më puthi në ballë dhe shtoi: "Të dua kur je e lumtur, po aq sa të dua kur je e trishtuar, e zemëruar, e ndrojtur, apo e lodhur."*

She kissed me on the forehead and added, "I love you when you're happy just as much as I love you when you're sad, or mad, or shy, or tired."

*Iu struka në gji dhe buzëqesha. "Pra… më do gjithë kohës?", e pyeta.*

I snuggled close and smiled. "So… you love me all the time?" I asked.

*"Gjithë kohës", tha ajo. "Në çdo gjendje shpirtërore, çdo ditë… Të dua gjithmonë."*

"All the time," she said. "Every mood, every day, I love you always."

*Ndërsa e dëgjoja të fliste, ndjeva një valë ngrohtësie të më pushtonte zemrën.*

As she spoke, I started feeling something warm in my heart.

*Hodha sytë jashtë dhe pashë retë të largoheshin. Qielli po bëhej blu dhe doli dielli.*

I looked outside and saw the clouds floating away. The sky was turning blue, and the sun came out.

*Me sa dukej, pavarësisht gjithçkaje, do të ishte një ditë e bukur.*

It looked like it was going to be a beautiful day after all.

www.ingramcontent.com/pod-product-compliance
Lightning Source LLC
LaVergne TN
LVHW072105060526
838200LV00061B/4810